Libro De Oraciones Santa Muerte
Max Ivanova

Primera Edición/Feb 2021

Maquetación y diseño de portada: Max
Invanova.
Imagen adaptada de original "Segador
Cráneo Muerte"
Fuente/
https://pixabay.com/es/photos/segado
r-cr%c3%a1neo-muerte-esqueleto-
2974959/

Image Credit: "Yuri_B".

LIBRO DE ORACIONES

Santa Muerte

NOVENA, ORACIONES Y PACTOS!

Max Ivanova

Introducción

Querido lector, en México existe una lúgubre figura que representa a la noche, al inframundo, a la muerte. Y aunque a lo largo del tiempo se le ha conocido con una gran diversidad de nombres, hoy en día, es conocida como "La Santa Muerte" esta entidad ha sido y es objeto de culto, desde tiempos prehispánicos, pero hoy mas que nunca sus fieles se extienden rápidamente a lo largo de Centroamérica.

Esto es debido a la constante migración de personas que se avanza paulatinamente hacia territorio estadounidense. En este libro usted encontrara una interesante recopilación de las oraciones mas poderosas, utilizadas por devotos y fieles seguidores de la Santa Muerte, estas oraciones le serán de gran utilidad en diferentes propósitos, todas ellas de una eficacia excepcional. Si usted es o pretende ser parte de este culto a la Santa Muerte, entonces adéntrese de lleno, amplié su conocimiento y practique la oración como parte fundamental de sus rituales y votos a la Santa Muerte.

En México el culto a la muerte no es nada nuevo, ya que en la cultura Mexica (Azteca) desde la antigüedad ya se rendía culto a "Mictlantecuhtli" el señor del mictlán (El lugar de los muertos)

Mictlantecuhtli Dios del inframundo y del reino de las sombras.

En la mitología mexica "Mictlantecuhtli" o "Poco" (humo) como tambión se le conocía, indudablemente era representado como un dios sombrío, que acompañaba a su esposa "Mictecacíhuatl" y juntos gobernaban el Mictlán (Inframundo) y de esta manera también el futuro destino de las miles de almas desencarnadas. Estas dos entidades eran representadas como esqueletos y asociadas a otras arquetípicas figuras como el búho, el murciélago y la araña, entre otras.

Mictecacíhuatl Señora del mictlán y esposa de Mictlantecuhtli.

Que es el Mictlán? La palabra mictlán proviene del náhuatl "miqui" que significa "morir". Para los mexicas era el nivel inferior de la tierra de los muertos, el inframundo por así decirlo. Cabe destacar que en la mitología mexica no todas las almas de los muertos se dirigían al mictlán a la hora de morir. Los guerreros que morían en el campo de batalla o en sacrificios y las mujeres cuya muerte se daba durante el parto, según la mitología mexica, les esperaba un destino muy diferente para ellos estaba reservado un lugar muy especial "El Ilhuicatl Tonatiuh" (el camino del sol). Todo aquel que muriera por causa del agua, ahogados o fulminados por un rayo, iban al "Tlalocan" y los pequeños que morían antes de nacer, regresaban al "Chichihuacauhco" (el lugar del árbol amamantador).

Novena

Día
I

Santísima Muerte, yo te suplico
encarecidamente en el nombre de
tu divina naturaleza inmortal, te
dignes a poner tu mirada sobre mi
y a ser mi protectora, te pido
angustiosamente me concedas
todos los favores que yo te pido
en esta novena, hasta el ultimo día
hora y momento, en que su divina
majestad ordene llevarme a su
presencia y a la esfera celeste,
donde

gozaremos de un feliz día, sin noche por toda la eternidad, en el nombre del Padre, del Hijo y del Espíritu Santo.

Amén

𝔇𝔦𝔞
II

A ti Santísima Muerte que vences con tu guadaña al mas tirano, te pido que (nombre a la persona) este vencido(a) conmigo, en el nombre del Señor, si eres animal feroz, manso como un cordero, como una flor de romero, tendrás que caer, pan comiste y de el me diste, quiero que me traigas a (nombre a la persona) por la palabra mas fuerte que me dijiste quiero que venga a mi humillado, rendido(a) a mis plantas, que llegue vencido cual enemigo derrotado. Así como creó "no me sera imposible" te suplico encarecidamente me concedas esto que yo te pido en esta novena, prometiéndote ser tu más fiel devoto(a) hasta el final de mi vida, amén.

Día
III

Jesucristo vencedor, dulce nombre de Jesús, por tu Santa Muerte, me alumbras con tu gran luz, lléname de alegría, trayéndome el amor de (nombre a la persona) sea de noche o de día, te lo pido por el gran poder que Dios te dio, te pido que me introduzcas en el corazón de (nombre a la persona) que no tenga ojos mas que para mi.

Hazme el favor que yo te pido en esta novena, por la Santa Muerte de Nuestro Señor Jesucristo.

Amén.

Día
IV

Oh, Santísima Muerte, que a los santos redimiste, como ovejas los dejaste porque tu así lo quisiste, yo te pido con todo mi corazón, así como Dios te formo de naturaleza inmortal, poderosa sobre todo lo perecedero, haz que solo yo en ti crea, haciéndome este milagro con el gran poder que tienes, haz que (nombre a la persona) no pueda tener tranquilidad ni en silla sentarse hasta que humilde y rendido(a) venga a mis pies y que nunca jamas se aleje de mi, te lo pido por la Santísima Trinidad del Padre Eterno.

Amén.

Día

V

Oh, Santísima Muerte, Oh soberana Señora, a la que el Padre Eterno puso para cegar la vida de todos los mortales y a la que todos llegaremos tarde o temprano, no importando riquezas o juventudes, pues ella es pareja con viejos, jóvenes o niños a los que habrá de llevar a sus dominios, cuando Dios lo indique.

Oh, mi Santa Muerte Sagrada, yo te suplico que con tu oscuro poder, toques el cuerpo y la mente de (nombre a la persona amada) para que se enamore de mi, que no se fije en la hermosura física, haz que descubra la bondad de mi alma y me reconozca solo a mi como su único y mas fiel amor.

Amén.

Día
VI

Oh, Santísima Gloriosa y Poderosa Muerte, que velando estas por mi, con este llamado "Blanca Señora" acuérdate de mi, de mis necesidades y haz que mi petición sea cumplida y venga a mi, Muerte Sagrada como señora invencible que tu eres, haz que este deseo se cumpla y que no pase noche o día, sin que llegue a mi vida el mensaje que tanto anhelo, cumplido sea mi deseo.

Amén.

Día
VII

Oh, Santísima Muerte, hoy consuela mi corazón, quitándome esta aflicción de encima, mas líbrame de todo mal con gran el poder que Dios te dio, haz que se cumpla el goce en mi corazón de un glorioso día sin noches y sin penas, con la protección que me das Divina Majestad, te pido me concedas los favores que yo deseo en esta novena.

Amén.

Día
VIII

Milagrosa y majestuosa Muerte, yo te pido que por medio de tu inmenso poder, me devuelvas el cariño de (nombre a la persona) no le dejes un momento de sosiego, ni tranquilidad con nadie que se halle, que no este contento(a) con nadie, si el (ella) duerme que me sueñe, si esta despierto(a) que su pensamiento este siempre en mi, que no tenga reposo, humildemente te lo ruego que su amor sea solo mio, hasta la muerte.

Amén.

𝕯𝖎𝖆
IX

Oh, Santísima Muerte, protectora y bendita, por la virtud que Dios te dio, yo te pido que me libres de cualquier peligro, maleficio o enfermedad, por favor bendice mi vida con suerte, amor y salud, dame la paz que yo tanto anhelo y librarme de mis enemigos.

Amén.

Nota: para darle fin a esta novena, reza tres Padres Nuestros.

El Credo

Creo en ti Santísima Muerte, señora justiciera, poderosa y omnipotente sierva fiel de dios padre, que en tus manos hemos de viajar al reencuentro de Dios nuestro señor.

Creo en ti Santísima Muerte, que con tu guadaña remueves todo obstáculo de mi camino y cortas todo mal dirigido hacia mi persona se que con tu divina balanza equilibrada, la justicia será a mi favor y con tu mirada poderosa me protegerás de todo peligro.

Creo en ti sierva fiel de dios, Santísima Muerte y siempre creeré, pues aquí firmo con mi mano en mi palma que nunca dejaré de creer en ti.

Que pacto contigo Santa Muerte para que a cambio de mi fe y amor eterno me protejas siempre en tu regazo.

Creo en ti Santísima Muerte por la gracia divina de Dios y rechazó a todo poder maligno que pueda adueñarse de mi voluntad.

Pues todo lo que tu me has de conceder hoy y siempre ha de ser exclusivamente con el permiso de Dios padre.

Creo en ti Santísima Muerte con amor lo digo, porque en ti he depositado todas mis penas y tristezas, con toda fe y esperanza exclamo tu ayuda y tu nombre para que así me ayudes de manera pronta y efectiva.

Creo en ti Santísima Muerte ,
pues así voy protegido contra
viento y mareo voy bendecido(a)
y no hay quien pueda pisotearme.

Te venero y te adoro mi fiel
guardiana así pues, Santísima
Muerte citado mi credo entrego a
ti, la promesa de nunca declinar
en mi fe.

De lo que es ser un buen hijo de
Dios. para en el qué el me llame .
Así es y así será.

+Amén+

ORACIÓN
DE
PROTECCIÓN

Señor, ante tu divina presencia, Dios Todopoderoso, Padre, Hijo, Espíritu Santo, Te pido consentimiento paro invocar A la Santísima Muerte, mi Niña Blanca.

Oh Santísima Muerte escucho mi suplica!

Quiero pedirte de todo corazón que destruyas, desvíes o rompas toda Magia, hechizo, envidia Encantamiento y oscuridad Dirigida a mi persona, Hogar, trabajo y camino.

Santísima Muerte!

Quita todo resentimiento, Pobreza, desamor, desempleo Yo (su nombre) te pido con gran fe me concedas protección Con tu bendita presencia alumbres mi Hogar, dándonos amor, paz y prosperidad Bendita y alabada seo tu presencia Santísima Muerte.

Señor te doy gracias infinitas, Ten caridad en mis pruebas, Que son las que perfeccionaran mi espíritu.

Señor, gracias te doy Porque en medio de esas pruebas Tendré tu bendita y santa bendición.

+Amén+

GUADAÑA PROTECTORA

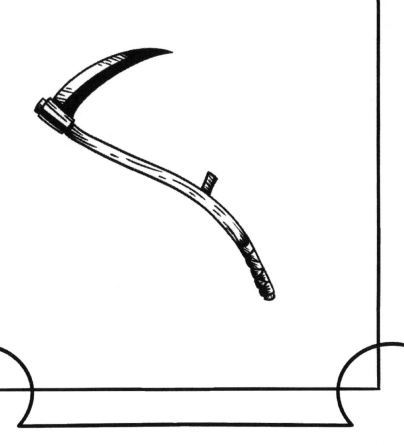

Oh, Señora blanca!

Oh, Señora negra!

A tus pies me postro, para pedirte para suplicarte que manifiestes tu energía en mi vida con tu poder y omnipresencia contra los que intenten destruirme Señora, te imploro, se mi escudo mi resguardo contra el mal que tu guadaña protectora sesgue los obstáculos que se interpongan en mi camino.

Que se abran ante mis ojos
las puertas que se me han cerrado
y que los caminos se muestren
Señora mía!

Ya que no hay mal que tu no
puedas vencer, ni imposible que
no se doble a tu voluntad,

Es por eso que a ti me entrego,
Señora mía y espero tu
benevolencia.

+Amén+

PARA
RECUPERAR
LA SALUD

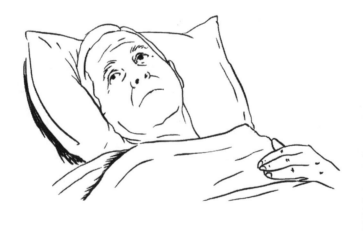

Oh Santísima Muerte!

Dueña y señora de la vida Ángel que nuestro Padre creo para servir y ayudar Hoy te imploro, hoy te suplico concédeme la salud Y la vida de (nombre al enfermo)

Que sus días sobre la tierra perduren que su cuerpo recobre el vigor y la energía Tu que todo lo puedes, Muerte mía sálvalo y hazlo volver a su estado de salud primordial

Yo (tu nombre) te imploro, te lo pido en este día en esta hora por Jesucristo vencedor en la cruz Conmuévete y tráelo de regreso a esta vida.

+Amén+

PARA
DOMINAR

Santísima muerte, yo te suplico te dignes ser mi protectora concédeme este bendito favor a cambio prometo ser tu fiel por el resto de mis días en la tierra.

Santísima muerte, tu que transitas por los confines del mundo, montañas, calles, desiertos, carreteras y hogares donde quiera que te encuentres pido tu ayuda, para que el espíritu cuerpo y alma de (nombre a la persona) se dirija hacia mi! , tráemelo(a), tráemelo(a), tráemelo(a).

No permitas que (nombre a la persona) pueda en cama dormir, en mesa comer, en silla sentar, ni con hombre o mujer estar porque mi voz desde las sombras se ha de escuchar, mis pasos ha de sentir, que mi deseo ardiente invada su mente y corazón para que amoroso(a) y desesperado(a) venga rápidamente hacia a mi.

Oh gran espíritu Santísima Muerte!

Tu que separas el cuerpo del alma humana.

Yo (tu nombre) te pido que enciendas el espíritu, cuerpo y alma de (nombre a la persona) para que piense constantemente en mí y se entregue a mi, en cuerpo y alma, impulsado(a) por tus grandes poderes.

Espíritu, cuerpo y alma de (nombre a la persona) escucha mi palabra y ven a mi.

Yo (tu nombre) te llamare de hoy en adelante hasta que estés a mi lado, yo (tu nombre) domino tu mente y tranquilidad no tendrás hasta que vengas rendido(a) a mis pies. Así es y así sera!

+Amén+

PARA ATRAER FORTUNA

Salve mi Santísima! por tu gran poder has que mis manos se derramen de gran abundancia, riqueza, suerte y fortuna!

"Mi fe siempre contigo"

Oh Santísima Muerte!

Atrae mucho dinero a mi vida, riqueza y gran fortuna.

Así como el gallo canta, el caballo relincha, la campana toca, Así Santa Muerte harás fluir dinero, riqueza y fortuna para mí.

Que así como el sol reaparece y la lluvia cae, haz que el dinero, la abundancia y la fortuna fluyan y refluyan hacia mí (n) que así sea! Atrapado bajo mi pie izquierdo con mis ojos veo el dinero, riqueza y fortuna, con mis manos yo (n) aprisiono.

Oh, mi ángel de la muerte!

Que el dinero, la riqueza y la fortuna vengan a mí.

Oh Santísima Muerte!

Que la riqueza y la fortuna solo se sientan bien cerca de mí, que mis bienes no puedan quedarse con ninguna otra persona que no sea yo!

Te pido por medio de tu gran poder que se atiendan todas mis necesidades económicas consiguiendo mis mas íntimos deseos y que nunca mas sufra necesidad alguna por folla de dinero.

Oh Santísima Muerte!

Te pido que cuides de mis bienes para que cuando duerma y despierte siempre el dinero, la riqueza y la fortuna estén dentro de mi hogar en mi bolsillo, en mi negocio y donde quiera que yo esté.

Que el dinero, la riqueza y la fortuna no se aparten jamás de mi vida y que el valor de mis bienes materiales sea siempre alto muy alto y orientados solo para mí.
Que así sea!

Que mucho dinero, riqueza y fortuna vengan frente a mi y detrás de mí para que mi familia y yo podamos tener comodidad, poder y salud para así poder tener una buena convivencia y ser felices.

Yo (tu nombre) te pido a ti mi Santísima, que el dinero, la riqueza y la fortuna me busquen desde hoy, que el dinero, la riqueza y la fortuna vengan pronto a mi hogar, mi vida, mi empresa y mis negocios.

Por el poder de mi Santísima
Muerte! que así sea.

+Amén+

PARA UN FAVOR URGENTE

Oh excelentísima Santísima Muerte!

Bella señora del ocaso de la vida vengo a ti de todo corazón porque se que tu naturaleza es bondadosa pero justa vengo a ti de corazón, porque se que no hay secretos para ti en esta tierra! vengo a ti de todo corazón y con gran fe para que me ayudes, ya que tu conoces mis problemas y dificultades, tu sabes de mis angustias y de mi sufrir es por eso que vengo yo (tu nombre) a rogarte que (Decir tu necesidad)

Mi querida y Santísima Muerte!

Por favor escucha en este momento mis suplicas y ven a mi en esta necesidad para que pueda recibir tu socorro y consuelo.

Quítame esta gran pena (Decir tu necesidad) si me cumples mi bienaventurada señora, me comprometo a agradecerte y difundir tus majestuosos milagros mi querida y Santísima Muerte! En ti confió.

+Amén+

AGRADECIMIENTO A LA SANTÍSIMA MUERTE

Oh Santísima Muerte!

Te doy gracias por este día, por la noche, por este momento, por el ayer, por el ahora!

Gracias por estar conmigo en todas mis penas, gracias por haber estado cuando mas te necesite y gracias por verme cuando nadie mas me vio gracias madre mía por extender tu mano y llevarme por los mejores caminos.

Gracias por la fuerza que me brindas!

Gracias por la sabiduría y el conocimiento, gracias por las oportunidades y herramientas que me regalas día con día, gracias por tu energía en mi vida!

Gracias por lo que puedo ver y lo que no puedo ver, gracias por lo que puedo sentir y lo que no puedo sentir.

Gracias por lo que puedo escuchar y lo que no puedo escuchar.

"Todo de mi, todo lo que tengo y todo lo que soy, es tuyo madre mía"

Mi fe, mi lealtad, mi fuerza, mi poder ,mi sabiduría, mi mente, mi energía.

Al igual que mi alma, mi ser, mi esencia, mi presencia mi cuerpo y mi conciencia.

Gracias mi Santísima Muerte! por voltear tu rostro hacia a mi aceptarme, darme, protegerme y acompañarme.

Gracias por cada regalo, por cada detalle y por todos los favores concedidos.

Creo y confío en ti plenamente por qué tu eres justa y perfecta y así va a ser eternamente mi Santísima Muerte! Así es y así será.

+Amén+

CONTRA

CHISMES

Y

HABLADURÍAS

Oh bendito Santísima Muerte!

Patrona de mi vida y quien me protege día a día.

Las malas lenguas me asechan y las envidias merodean mi persona por eso mi niña hermosa, acudo ante ti para que me liberes de las envidias y puedas callar las bocas de las personas que sólo quieren verme derrotado(a).

Oh niña de mi corazón!

Escucha mi petición, pues deseo que las personas dejen de hablar mal de mi y que se acaben las críticas y traiciones a mis espaldas y me alejes de esas personas que sólo me hacen mal,

Por favor Santa Muerte!

ayúdame a tapar las bocas de las personas que no tienen vida y quieren verme mal, que el triunfo, la salud y abundancia estén en todo aspecto de mi vida y nadie que quiera lastimarme esté cerca de mi.

Gracias mi niña blanca por callar las bocas de mis enemigos.

+Amén+

CONTRA LA DEPRESIÓN Y LA TRISTEZA

Oh Santísima Muerte!

Te pido que todos aquellos que leemos estas palabras nos hagas sentir en este momento tu presencia tu mano poderosa en nuestro hombro nuestro ser entero cubierto por tu regazo de amor.

Haznos sentir que tú nos rescatas de las garras de la miseria emocional.

Protégenos de la tristeza asesino, de la confusión maligna.

Oh Niña Santísima!

Deposita en nuestros corazones este día "El Propósito" de creer en tus promesas con firmeza sin permitir que las voces engañosas de la duda, nos hagan creer que estamos solos.

Tú estás con todos nosotros.
La única que todo lo puede, la única que vive y reina.

Oh Santísima Muerte!

Nadie mas como tu arraiga en este día en nuestros corazones el propósito de creer en por siempre.

Sí el mundo nos odia, Tú nos amas! si aun nuestra familia y amigos nos abandonan: Tú no nos dejarás.

Derrama paz, sabiduría, inteligencia, salud, felicidad, y firmeza de carácter en aquellos que leemos estas palabras.

+Amén+

CONSIGA TRABAJO RÁPIDAMENTE

Oh Santísima Muerte!

Dame la fuerza necesaria para dar sustento a mi familia, ayúdame a encontrar un trabajo donde mi labor sea apreciada, guía mis pasos hasta el lugar donde me estén esperando, compromete mi mente y mis esfuerzos en cada acción que realice, tu que trabajas sin descansar, que pasas noches en vela, permíteme encontrar un trabajo donde mis esfuerzos sean bien remunerados.

Oh Mi Niña Blanca!

Yo te pido, atiendas mis súplicas y la sinceridad de mi petición, llévame por buen camino, hazme útil en donde quiera que me presente, que se abran las puertas y se me conceda la confianza de un empleo, por la fuerza de tu poderosa figura, que mis habilidades sean reconocidas, mándame la gracia de un buen trabajo.

Santísima Muerte Poderosa!

+Amén+

PARA CURAR UNA ENFERMEDAD

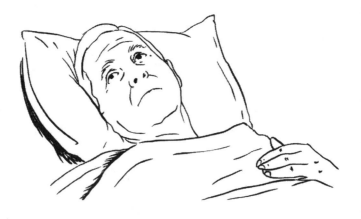

Oh Santísima Muerte de la Salud!

Tu que posees los secretos de la vida y la muerte, de la salud y la enfermedad, te pido sanes este dolor que se ha posado en mi cuerpo y en el de aquellos a quien amo.

Vierte unas gotas de tu elixir poderoso y regresa a mi materia el vigor, la lucidez y la tranquilidad para que entonces yo pueda seguir adorándote.

Marca con tu mano bondadosa el final del sufrimiento que me aqueja.

Limpia con tu manto el mal que yace en mi ser y aléjalo para siempre de mi vida.

Permite que el poder que existe en mi sea librado para terminar con el mal que invade mi cuerpo sea natural o sobrenatural.

Oh Santísima Muerte!

En especial te pido con gran "Fe"
(Realizar petición por la persona,
enfermedad, operación,
medicamento, etc..)

+Amén+

PARA QUITAR CUALQUIER MIEDO

Amado Ángel mi Santa Madre!

En este momento de mi vida donde reina en mi la tristeza me invade la angustia y me rodea la pena acudo a ti, en mi gran desesperación con humildad te pido que derrames en mí y en los míos tu luz poderosa de "Luz y Amor".

Oh Mi Niña Blanca!

Aleja de mi los miedos la desesperación, los temores y las mentiras que se crean para atrapar mi alma en el yugo y las cadenas del sufrimiento.

Te pido que derribes los muros, bloqueos y lazos que me atan a la oscuridad "Santísima" otórgame la paz, sosiego y el descanso de tu eterna protección a este angustiado corazón.

Yo (tu nombre) con infinita gratitud pongo en ti, mi fe y esperanza y con el Amor de Dios y el poder de mi "Santísima" se que me liberaras de esta carga. Gracias Padre por estar a mi lado gracias Santísima Muerte por aportarme Luz y esperanza yo (tu nombre) le amo y te venero Así es y a así será.

+Amén+

Nota: Esta oración se reza tres veces antes de dormir.

ORACIÓN DE LAS 3 GRACIAS

Oh Santísima Muerte!

brazo poderoso de Dios, ante ti, vengo con todas las fuerzas de mi alma a buscar consuelo en esta difícil situación.

No me desampares en las pruebas que me han de herir en mi camino por esta vida y sea tu divino "Gracia y Poder" el que obre según tus sagrados designios, para darme la tranquilidad que tanto ansió, aquí a tus pies hago mis suplicas.

(Se pide el remedio de tres necesidades)
Dígnate a recibirlas porque quien las hace es un corazón afligido.
Si el Poder Divino no esta a mi favor sucumbiré por falta de tu ayuda.

Santísima Muerte ampárame!

Asísteme, socórreme y condúceme a la Patrio Celestial.

+Amén+

Nota: Al terminar se reza un credo y Padre Muestro tres veces.

CONJURO DE AMOR

Mi Santísima y Poderosa Niña Blanca!

Mi buena amiga, Mi buena y gloriosa princesa, conozco tu fuerza y tu poder, yo (tu nombre) te pido que atiendas mi deseo: te pido Que (nombre de la persona amada) no descanse hasta que estemos juntos.

Que el cuerpo de (tu nombre) Solo me desee a mi y a nadie mas! Que nadie consiga hacer sentir a (nombre de la persona amada) deseo o placer, solamente yo (tu nombre)

Que (nombre de la persona amada) me ame, me bese, me abrace y me lleve siempre en su corazón solamente a mí y nadie mas!

"Se que así se hará" Mi Santísima Muerte.

+Amén+

LA ORACIÓN DE LAS 7 MUERTES

(PARA DESTRUIR A SUS ENEMIGOS)

Oh Bendita Santa muerte!

Por todo lo ves y que todo lo oyes, tu conoces los males queme han hecho mis enemigos, es por eso que te invoco en este momento para que escuches mi suplica:

"Oh Gloriosa Santa Muerte Blanca"

Te pido que sales la vida de: (nombre de la persona) te pido que traigas la pronta destrucción a su vida.

"Oh Virtuosa Santa Muerte Dorada"

Yo (tu nombre) te pido que cortes el dinero y los negocios de: (nombre a su enemigo) haz que sus negocios nunca crezcan.

"Oh Querida Santa Muerte Roja" Te pido que cortes las relaciones y alejes el amor de: (nombre a su enemigo) haz que el amor se aleje de su vida definitivamente.

"Oh glorioso Santo Muerte de Hueso"

Te pido que alejes la paz y la tranquilidad de la vida de: (n. su enemigo) haz que la locura y desconfianza sean su compañía.

"Oh Bendita Santa Muerte Verde"

Te pido que traigas problemas de contratos y propiedades a:

(nombre a su enemigo)

Haz que no pueda comenzar ni terminar nada que de lo que se proponga!

"Oh Piadosa Santa Muerte Ámbar"

Te pido que traigas fuerte vicios y desgracias a: (n. su enemigo) Haz que pierda el control de su vida en este momento.

"Oh Justa Santa Muerte Negra"

te pido que traigas la desgracia y enfermedad a: (n. su enemigo) Haz que su caminar por esta vida sea acechado siempre por peligros.

Así es y así será

+Amén+

Nota Importante: Esta oración es muy "poderosa" por consiguiente, usted debe meditar profundamente su empleo ya que una vez utilizado no habrá vuelta atrás! otro cosa muy importante es tomar en cuenta la ley del karma (Ley del tres) ya que si usted no tiene la suficiente experiencia o no tiene razón de peso paro utilizar la oración sus deseos podrían retornar inevitablemente hacia usted con mas fuerza y así ser la causa inequívoca de su propia destrucción. Una vez aclarados estos puntos debe saber que esta oración deberá realizarlo durante 9 días seguidos , la hora debe ser a las 11:50 de la noche y si usted cuenta con un altar a la santa muerte, deberá encender las veladoras correspondientes y proseguir con la ritualización corno es de costumbre.

ORACIÓN PARA SALDAR TODAS SUS DEUDAS

Oh Santísima Muerte Celestial!

Señora clemente y amorosa te ruego que bendigas con abundancia a mi familia y a mi, se que tu reconoces que una familia es mas que solo un padre y una madre, mi corazón sabe que todos los que creen y confían en ti, obtienen todo cuanto piden, si es para el bien de sus almas, por eso yo te pido, te suplico desde el fondo de mi corazón que permitas cancelar todas mis deudas monetarias y espirituales se que sin tu ayuda no podré librar esta necesidad...

Yo (tu nombre) me arrodillo ante ti mi "Santísima Muerte" Prometiendo hacer todo lo que está en mis manos para salir adelante en este problema que tengo.

Te envió esta oración de petición con toda mi fe! para que vuelques tus bendiciones, no solo para mi, sino también para mi familia.

Es el poder del rezo unido en fe lo que sube en petición a ti y baja en bendición hacia nosotros...

vislumbrándose en lo que pedimos, porque todo el que cree y confía en ti " Oh Mi Santa Madre" obtiene lo que pide, porque confía en tu plenitud. Te agradezco de antemano tus bendiciones madre mía y sé que mi petición ha sido escuchada.

"Mi Santa Muerte"

intercede por mi ante "El Santísimo Padre" Liberándome de mis deudas y de las cargas de mis acreedores, así como a mi familia y a todos tus fieles, te lo pedimos humildemente postrados ante ti, confiando en tu gracia bendita.

Lanza tu sabiduría divina! para que yo pueda ser un buen administrador sobre todo lo que me brindas, disuelve mis deudas financieras a ti mi "Santa Madre" te lo pido, ya que se todo lo maravillosa y poderosa que eres y como consuelas al afligido.

Permíteme de ahora en adelante andar por el camino tomado(a) de tu mano y cuídame bajo tu manto permíteme obtener lo necesario para mi y mis seres queridos.

+Amén+

CONTRA
TODA
BRUJERÍA

Oh Mi Santísima Muerte!

Niña blanca en este día me acerco hacia ti madre poderosa, Implorando tu benevolencia hacia mí.
Quita de mi camino al enemigo, al traidor, quita todo mal de mi ser, límpiame con tu manto protector de todo maleficio, hechicería, embrujo y salación.

Madre mía te ruego que el dinero fluya y sea remunerarte hacia mí, que los caminos del dinero nunca me sean cerrados por brujería alguna por favor guía mis pasos siempre hacia la prosperidad.

Te pido que (nombre a la persona amada) tenga solo ojos para mi y que yo sea su primer pensamiento al despertar y el último al dormir que en sus sueños siempre yo esté presente y que desates con tu gran poder cualquier nudo o filtro que intente separarnos!

"Santa Muerte Poderosa " tú que das y proteges a todo aquel que con fe te pide, te ruego que me des salud a mi ya mis seres queridos resguardándonos de cualquier enfermedad bajo tu manto!

Qué la dicha y armonía siempre esté en éste tu hogar, tu qué eres justa entre las justas te pido que tu balanza sea implacable contra mis enemigos y que con tu guadaña cortes toda brujería en mi contra.

"Que mi nombre jamás sea impregnado con hechizos"
Tú que eres "La Señora De La Noche"

Tú que miras en el corazón y alma de todas las personas sabes de la necesidad de cada uno te invoco, te pido y te doy infinitas gracias.

Mi Santísima Muerte!

"Gran Divina Sellara Blanca"

Con el más ferviente corazón te digo alabado sea tu nombre por siempre.

Yo (tu nombre) te pido cumplas mis súplicas a cambio yo te prometo difundir esta tu oración y este tu culto hasta el último día y momento en qué su divina y majestuosa voluntad me llame a su presencia!

+Amén+

ORACIÓN ABRECAMINOS

Yo (tu nombre) invoco el poder y la fuerza de la "Santísima Muerte" Para superar y vencer todos los obstáculos en mi vida y en mi camino, yo invoco el poder y la fuerza de la "Santísima Muerte" para obtener un buen trabajo y tener éxito en ello, invoco la ayuda de la "Santísima Muerte" para quitar toda mala suerte y desgracia que están en mi camino, invoco las bendiciones de la buena suerte y buena fortuna en mi camino, mi negocio y en mi hogar.

Yo invoco la protección poderosa de la "Santísima Muerte" así el camino de mi vida estará protegido de todo delito y maldad yo invoco el poder de la "Santísima Muerte" y su guadaña, así todos los peligros y enemigos ocultos no me lastimaran yo (tu nombre completo) invoco los milagros y las bendiciones de la "Santísima Muerte" para obtener prosperidad, abundancia, salud y bienestar, yo (tu nombre completo) creo en el poder y la fuerza de la "Santísima Muerte"

y así cada puerta y cada camino
que este cerrado para mí será
abiertos de ahora en adelante! Así
es y así será.

+Amén+

PARA GANAR EN UN JUICIO

Oh Santísima Muerte!

"Solicito la imparcialidad de tu balanza"

Señora mía, Ve en mi corazón, Escucha mis ruegos que salen de esta profunda necesidad, haz que tú justicia se haga sobre la tierra, que tu mano divina guié las decisiones de jueces y carceleros.

Gran Señora, Se implacable con los malvados que reinciden, justa con los inocentes y benévola con los que se arrepienten de corazón y espíritu.

Oh Mi Niña Blanca!

Escucha mis plegarias Y protégeme de la iniquidad y la indolencia.

Este día te solicito tu favor para que mi caso se sometido a tu medida y obtenga el perdón absoluto! de los jueces terrenales.

En su momento tú me juzgaras Y tomaras las palabras que ahora pongo en prenda como la medida de mi castigo o mi absolución "Santísima en ti confió"

+Amén+

ORACIÓN DE LA MAÑANA

Oh Santísima Muerte!

Gracias por permitirme participar un día más de tu maravilloso don, que es la vida, te alabo y te bendigo, pues eres un ser excepcional, rodeado de gloria y majestad, me siento dichoso(a) al poder contemplar tu obra perfectísima que anuncia tu nombre por la gran armonía con la que fue creada, gracias porque me permites escuchar el cantar de tus criaturas, la alabanza de tus árboles, la energía del brillo en el sol que alumbra mi existencia, gracias porque me otorgas la dicha de seguir tu suave caricia de amor en las brisa de la mañana que siento en mi rostro, "Santísima Muerte" eres mi todo y te adoro, porque solo tu presencia es capaz de animar mi corazón, solo tu compañía llena de validez la frialdad de mi espíritu, bendita seas, mi "Señora Muerte".

Yo (mi nombre) me abandono en tus manos y dejo que hoy sea un día guiado por tu amor, hoy te entrego mi corazón para que guíes lo que llevo dentro, llena mi corazón de esperanza y ánimo para no tenerle miedo a las situaciones difíciles, no quiero vivir desanimado y triste, quiero tomar cada situación como una gran enseñanza y una bendición que voy a disfrutar si sigo a tu lado luchando, ayúdame a depender solo de ti, porque solo tu permaneces fiel y no me abandonas, estás siempre a mi lado y no me juzgas por mis pecados, sino que me das lo oportunidad de comenzar de nuevo y hacer las cosas cada vez mejor, te presento todos mis problemas para que me animes a aceptar con fe lo que se escapa de mis fuerzas, para asumir con decisión lo que no puedo cambiar.

Mi "Santísima" yo le entrego los deseos de mi corazón, para que hoy me ayudes a discernirlos mejor, sabiendo siempre lo que realmente es necesario, te pido que me des mucha claridad en mi mente y en mi corazón, para saber que quiero hacer con mi vida, para no distraerme en lo que es efímero y dedicarme a lo que verdaderamente me da felicidad que eres tú.

+Amén+

PARA SALIR PRONTO DE LA CÁRCEL

La presencia de mi "Santa Muerte" vive dentro de mi y me acompaña siempre, quiero confesarte que estoy muy arrepentido del error que me llevó a esta situación, yo (tu nombre) invocó ala presencia espiritual de la "Santísima Muerte" para que me saque en libertad y me acoja bajo su divino manto y así me resguarde de los peligros a los que pueda estar expuesto(a) hasta que su divina majestad ordene llevarme con las personas que amo.

"Mi Santísima Muerte"

Te pido que por favor me ayudes a tener un buen abogado y un buen juicio ya que no hay juez más justo que tu "Mi Santísima Muerte" tu todo lo vez y todo lo sabes, sabes de mis pecados y mis fallas pero también sabes de mi inmenso amor hacia ti por eso en tus manos pongo mi situación deseando me ayudes y me otorguen mi pronta libertad.

+Amén+

EL CONJURO DEL CIGARRO

(PARA DOMINAR A LA PERSONA AMADA)

Nota: Este conjuro deberá realizarse a las 11:30 de la noche y frente al altar o de frente a la figura de la santa muerte, lo primero será encender un cigarrillo que será depositado en el altar, en uno veladora o en la mano de la santa muerte, una vez hecho esto se recitara en voz alta la siguiente oración tres veces y siguiendo el orden del ritual por tres días seguidos a la misma hora.

Yo ofrezco los humos de este tabaco a los siete espíritus atados, a los pies de la "Santísima Muerte" por el espíritu del alma errante, por el espíritu del macho cabrío, por el espíritu vivo, alma, y materia de: (nombre de la persona amada) para que lo(a) desesperes y no lo dejes tener tranquilidad, ni sosiego y piense solo en mí, que me llamo (decir tu nombre)

Yo te busco como el alma errante busca su redención, como el macho cabrío te busca a ti (nombre de la persona amada) Por todas partes, te encontrará y te traerá hasta mi desesperado(a) y humillado(a) de amor a mis pies.

Yo te conjuro (nombre de la persona amada) parte por parte, coyuntura por coyuntura, hasta llegar a tu cuerpo, para que tu naturaleza no se pueda desarrollar con ninguno otra persona, y solo en mí cuerpo encuentres sosiego y vengas desesperado(a) a buscarme.

Te conjuro: (n. de la persona amada) de la cabeza a los pies, por la hora de tu nacimiento.

Te conjuro por los nueve meses que estuviste en el vientre de tu madre (nombre de la madre)
Te conjuro de la cabeza a los pies por la hora de tu comunión.

Tabaco que en humos te conviertes, por la virtud que tienes, y la que yo te confiero paro que penetres en el alma y cuerpo de: (nombre de la persona amada) para que si durmiendo está, me sueñe, que si caminando va, en mi vea su sombra, que si pensando esta, a mí me añore, que en su cara me vea y así me nombre.

Este humo que ofrezco será el puente entre (nombre de la persona amada) y yo (su nombre) para que (nombre de la persona amada) oiga mi voz donde quiera que esté.

Si tiene cabeza me piense, si tiene ojos me mire, si tiene nariz me huela, si tiene boca me hable, si tiene oídos me oiga, si tiene corazón me quiera, si tiene manos me toque, si tiene pies me busque, que (nombre de la persona amada) no tenga gusto ni placer, sino hasta que o mi lado este, que no pueda ni con hombre ni mujer hablar, ni en cama dormir, ni en mesa comer, sino pensando en mí que me llamo (tu nombre) por el poder de "La Santísima Muerte" Que así sea!

+Amén+

PARA QUE REGRESE UN AMOR PERDIDO

Por los poderes de la tierra, Por la presencia del fuego, Por la inspiración del aire, Por las virtudes del agua, Yo invoco y conjuro a la "Santísima Muerte" Por la fuerza de los ardientes corazones sagrados y de las lágrimas amargas derramadas por amor!

Para que se dirijan a (n. de la persona amada) donde quiera que esté, trayendo su espíritu ante mi (tu nombre) y amarrándolo definitivamente al mío.

Que su espíritu se bañe en la esencia de mi amor y me devuelva el amor en cuádruple.

Que (nombre de la persona amada) jamás quiera a otra persona y que su cuerpo solo a mi me pertenezca.

Que mis recuerdos lo(a) apresen para siempre, por los poderes de esta Oración.

Mi niña blanca! "Santísima Muerte" usa tu poder y aleja a (nombre de la persona amada) de cualquier mujer (hombre) con quien el (ella) esté en este momento, y si estuviese; haz que su boca solo pronuncie mi nombre.

Yo (tu nombre) quiero amarrar el espíritu y cuerpo de (nombre de la persona amada) mi "Santísima" mantenlo(a) atado(a) y enamorado(a) perdidamente de mi.

Quiero que el (ella) sea dependiente y esclavo de mi amor, que se vuelva loco{a) por mi deseándome ardientemente como si yo fuese el (la) última(o) sobre la faz de la tierra.

Quiero su corazón sea atado a mí eternamente, en nombre de la gran Reina "Mi Santísima Muerte" florezca este sentimiento dentro de (nombre de la persona amada) dejándolo preso a mi las 24 horas del día.

Oh Mi niña blanca!

"Santísima Muerte"

Has de traer a (nombre de la persona amada) para mi, pues yo lo (a) deseo y lo quiero deprisa. En nombre de tu gran poder yo te pido humildemente que (nombre de la persona amada) comience a amarme y a desearme a mi (tu nombre) a partir de este exacto instante y que el piense sólo en mi como si yo fuese la única persona del mundo.

Que (nombre de la persona amada) venga corriendo hacia mí, lleno(a) de esperanzas y deseo, que no tenga sosiego ni paz, ni descanso hasta que venga a buscarme.

Oh Mi Santísima Muerte!

yo te imploro para que me traigas urgente a: (nombre de la persona amada) Que venga manso y apasionado(a) tal como yo lo deseo.

Yo (tu nombre) te agradezco "Mi Santísima Muerte"
Y prometo siempre llevar tu imagen conmigo.

Oh Poderosa Niña Blanca!

Quiero de vuelta a mi amado(a) (nombre de la persona amada) que me entristece con su desprecio, y me hiere con su olvido.

Quiero que el (ella) olvide y deje de una vez y para siempre a todos los otros amores y a todo lo que nos pueda separar.

Que sea desanimado y frío con otras personas! Que cualquier otra persona que este con el (ella) se estresé y se desencante, que no tenga relación estable.

Que (nombre de la persona amada) sienta repulsión por otra persona y que termine cualquier relación actual urgentemente.

Que pase sus días y sus noches pensando en mí y pensando cómo hacerme feliz!

Necesito mi "Niña Blanca" una señal, una llamada telefónica, cualquier contacto para yo saber si el (ella) piensa en mi y que me quiere.

Que el (ella) hable conmigo, que sienta necesidad enorme de verme.

Usted "Santa Muerte" es fuerte y poderosa, traiga a mi amado(a) a mis pies, que venga corriendo, que deje todo y a todos, y que sólo piense en mi apasionadamente!

Oh mi linda y poderosa "Niña Blanca"

Yo te pido que con tu gran poder quites todas las barreras, para que (nombre de la persono amada) me ame y me desee locamente y muy pronto se una a mi!

Que (nombre de la persona amada) tenga la necesidad de que yo me quede con el (ella) por siempre.

Que me llame por teléfono a todo instante.

Que sufra lejos de mi y no aguante mas la distancia!

Quiero que me busque hoy y ahora!

Quiero oír su voz, pidiendo estar conmigo y regresando a mi lado para siempre, diciéndome que me ama y que me quiere solo a mi!

Gracias Mi Santísima Muerte!

"En ti creo y en ti confió"

+Amén+

Nota: Este conjuro deberá realizarse un dio viernes a las 11:30 de la noche y durante siete días consecutivos, si cuenta con un altar realice el conjuro frente o el. SI no cuenta con altar entonces consiga una Imagen de lo santa muerte y prenda una vela roja frente a la imagen mientras realiza esto oración, al terminar deje consumir la vela completamente, en total serón siete velas, una por ritual. Si usted cuenta con uno fotografía de la persona amada póngala o un lado de la vela para reforzar el vinculo mentol con la persona amada y mientras recita la oración mire fijamente la fotografía e Imagine a su amado(a) regresando a su lado, tal y como quiere con todo detalle.

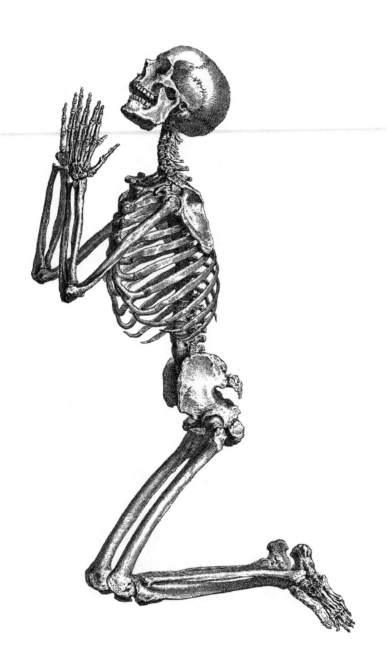

Queridos lectores hemos llegado al final de este libro, pero antes quisiera decirles que este tema de la "santa muerte" se ha convertido hoy en día en todo un fenómeno cultural y es bastante extenso por ende es casi imposible recopilar en un solo libro la Infinidad de oraciones y conjuros relacionados con culto de la santa muerte, de lo misma forma este recopilatorio utilizado adecuadamente, obrara maravillas en su vida! espero de todo corazón que sus mas grandes deseos sean una realidad absoluta, yo soy Max Ivanova, hasta la próxima!

FIN

Referencia De Imágenes

Imagen Pag.13
Fuente:
https://pixabay.com/es/vectors/%c3%a1ngel-muerte-creencia-memento-mori-5585371/
Image Credits: "GDJ"

Imagen Pag.41
Fuente:
https://pixabay.com/es/vectors/esqueleto-oraci%c3%b3n-dios-religi%c3%b3n-fe-7110208/
Image Credits: "GDJ"

Made in the USA
Columbia, SC
19 June 2024

1e763e5d-3a88-4b34-8912-2ddb9ed30406R01